POEMAS DE
AMOR

AUGUSTO FREDERICO SCHMIDT

POEMAS DE
AMOR

Seleção de Lêdo Ivo

© Yedda Schmidt, 1988

2ª EDIÇÃO, GLOBAL EDITORA, SÃO PAULO 2001

1ª REIMPRESSÃO, 2008

Diretor Editorial
JEFFERSON L. ALVES

Gerente de Produção
FLÁVIO SAMUEL

Supervisão Gráfica
ALVARO CASTELLO BRANCO

Diagramação e Revisão (coord.)
FERNANDO DE BENEDETTO GIÃO

Revisão
EDSON O. RODRIGUES
VERA LÚCIA F. P. GIÃO

Capa
EDUARDO OKUNO

Dados Internacionais de Catalogação na Publicação (CIP)
(Câmara Brasileira do Livro, SP, Brasil)

Schmidt, Augusto Frederico, 1906-1965.
  Poemas de amor / Augusto Frederico Schmidt. –
2ª ed. – São Paulo : Global, 2001.

  ISBN 85-260-0210-4

  1. Poesia brasileira I. Título.

88-1906   CDD–869.915

Índices para catálogo sistemático:

1. Poesia : Século 20 : Literatura brasileira   869.915
2. Século 20 : Poesia : Literatura brasileira   869.915

Direitos Reservados

 GLOBAL EDITORA E DISTRIBUIDORA LTDA.

Rua Pirapitingüi, 111 – Liberdade
CEP 01508-020 – São Paulo – SP
Tel.: (11) 3277-7999 – Fax: (11) 3277-8141
e-mail: global@globaleditora.com.br
www.globaleditora.com.br

Colabore com a produção científica e cultural.
Proibida a reprodução total ou parcial desta obra
sem a autorização do editor.

Nº DE CATÁLOGO: **1778**

POEMAS DE
AMOR

SONHO

Sonho que vens comigo a este passeio.
Vamos os dois andando, lentamente.
De mãos dadas sorrindo pela estrada.
Dentro em pouco, de trás dos altos montes,
A noite chegará.

Vens de branco. Tuas mãos longas e leves –
Tuas mãos de lírio – muito frias são.
Não te posso dizer nem uma só palavra.
Mas que felicidade e que doçura imensa
Há no meu coração!

Tanto tempo esperei este amado momento
De me encontrar sozinho assim, ao pé de ti –
À margem do caminho as árvores amigas
Juncam de flores e folhas os lugares
Em que pisam teus pés.

Vamos andando os dois, respirando o perfume
Que vem da natureza neste instante.
Neste instante, parece, é que nascemos –
Pois estamos os dois serenos, esquecidos
De toda a dor e de todo o mal.

A noite já desceu. Veio cheia de estrelas.
Há um silêncio bom que envolve a solidão.
Os nossos corações falam-se mudamente:
Que lindas coisas dizem nesta hora
Os nossos corações!

Hei de ser sempre teu – hás de ser sempre minha.
Nunca um momento só deixarei de te amar...
Viveremos os dois tão unidos e fortes,
Tão serenos e bons, que nem a morte
Os nossos corações separará.

Sonho que vieste a este passeio...

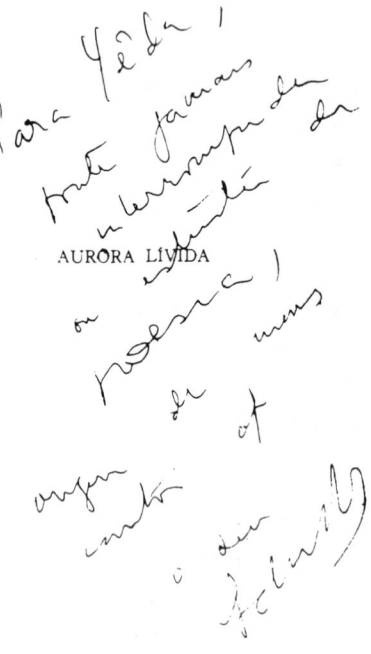

Dedicatória em *Aurora Lívida*.

ELEGIA

As árvores em flor, todas curvadas,
Enfeitarão o chão que vais pisar.
E a passarada cantará contente
Bem lindos cantos só em teu louvor.

A natureza se fará toda carinho
Para te receber, meu grande amor.

Virás de tarde, numa tarde linda —
Tarde aromal de primavera santa.
Virás na hora em que o sino ao longe
Anuncia tristonho o fim do dia.

Eu estarei saudoso à tua espera
E me perguntarás, pasma, sorrindo:
Como eu pude adivinhar quando chegavas,
Se era surpresa, se de nada me avisaste?

Ah, meu amor! Foi o vento que trouxe o teu perfume
E foi esta quietação, esta mansa alegria
Que tomou meu solitário coração...

RESSURREIÇÃO

Quando a hora vier
De sermos nós de novo.
Quando a hora vier
E surgir no horizonte
A sombra enorme.
Quando a hora vier
E as trombetas soarem
Com mil sons no silêncio,
Surgirás de repente, inteira –
Surgirás inteira, amor perdido!

Tua carne eu amo
E amo além da tua carne.
Quando a hora vier,
Tantos caminharão no espaço imenso!
Porém caminharás no meu sentido
E eu te encontrarei,
Terás palpitações.

Ah, não será o mármore definitivo e frio!
Nos amaremos de novo
Diante da solidão, como dois perdidos.
Diante da solidão, como dois loucos
Nos amaremos.

E na solidão
Nossos gritos de amor, profundos, ressoarão.

NOIVAS MORTAS

Raparigas mortas no verdor dos anos,
Serei vosso poeta. Passarei cantando,
Com meu canto triste, vosso esquecimento,
Raparigas mortas no verdor dos anos...
De uma sei, meu Deus: tão louros cabelos, tão distante olhar!
Raparigas mortas ainda virgens, mortas sem amor talvez:
Serei o enamorado – vosso enamorado. Não me desejais?

Raparigas mortas no verdor dos anos...
De uma sei, meu Deus, que era tão linda
Que mais linda ainda não verei talvez.
Raparigas mortas, bem me compreendeis:
Para vós minha alma não tem mais segredos,
Sabeis na verdade que bem puro sou,
Sabeis que sou terno, que sou delicado.

Raparigas mortas, não me desejais?
Vossas companheiras, as que ainda são vivas,
Nem sequer me querem um instante olhar.
Sonharei amores muito lindos, raros...
Sonharei amores como jamais há,
Cantarei cantigas, raparigas mortas –
Cantarei cantigas para vos louvar.

E serão tão tristes e serão tão lindas as cantigas minhas,
E virão tão fundo do meu coração,
Que no eterno leito onde descansais
Comovidas todas vos farei chorar.
Raparigas mortas no verdor dos anos,
Pobres raparigas pálidas e finas,
Sei a vossa história mais do que ninguém.

Raparigas mortas, bem me compreendeis.
Vejo-vos brincando num tempo distante,
Ainda bem meninas, mas tão tristes já;
Vejo-vos mais velhas, numa espera inútil
De felicidade que jamais virá,
Vejo-vos deitadas, muito esguias, muito,
As mãos magras, brancas como lírios murchos
No leito de morte com o velado olhar.

Raparigas mortas, bem me compreendeis...
De tudo esquecidas, as que vivem – riem,
Passam junto a mim, sem querer me olhar.
Raparigas mortas no verdor dos anos,
Rosas esfolhadas pelo vento mau,
Serei vosso poeta, vosso noivo eterno...
Tristes raparigas, não me desejais?

DE AMOR

Chegaria tímido e olharia a tua casa,
A tua casa iluminada.
Teria vindo por caminhos longos
Atravessando noites e mais noites.

Olharia de longe o teu jardim.
Um ar fresco de quietação e de repouso
Acalmaria a minha febre
E amansaria o meu coração aflito.

Ninguém saberia do meu amor:
Seria manso como as lágrimas,
Como as lágrimas de despedida.

Meu amor seria leve como as sombras.

Tanto receio de te amar, tanto receio...
A sombra do meu amor
Poderia agitar teu sono, perturbar o teu sossego...

Eu nem te quero amar, porque te amo demais.

APARIÇÃO DE LUCIANA

Onde vinha, nem me lembro:
Sei que o dia era triste,
Sei que chovia e as árvores molhadas
Eram batidas pelo vento frio.

Onde vinha, nem sei.
Nem sei em que pensava.
Lembro apenas que estava atormentado,
Que estava inquieto, muito inquieto.

Foi quando diante de mim Luciana apareceu subitamente:

Sim, Luciana a pálida!
Luciana com o seu sorriso triste,
Com as suas mãos tristes e meigas.

Como a estrela fugitiva, Luciana logo desapareceu:
Foi o tempo de fixá-la um instante.
Nem pude verificar que rumo tomara,
Talvez tivesse entrado num ônibus que passava...

Talvez tivesse voado,
Não vi para onde foi.

Sei porém que a poesia –
A poesia de Luciana – entrou em mim:
A poesia de Luciana a louca,
De Luciana a pálida,
De Luciana a séria,
De Luciana a amada misteriosa.

O AMOR

O Amor é a paz.
O Amor é a quietação.
O Amor é o fim de todas as angústias.
O Amor é a tarde fresca quando nem as árvores bolem
Porque o vento acabou e a luz não arde.

Amor não é interesse, nem isolamento, não é fuga
                                    [mas amplitude e sossego.
Amor não é esta dilaceração contínua,
Este clamor desesperado e rude,
Este gritar que fere e chora sempre e que nem a
                                    [distância amortece.
Quem clamará mais quando chegar o Amor?
Amor não é desinteresse, nem isolamento, não é fuga
                                    [mas amplitude e sossego.

Enquanto o Amor não vem — e não virá tão cedo —
Enquanto o Amor não vem, a fome baterá nas portas.
Enquanto o Amor não vem, o sobressalto será contínuo
                                    [nos corações.
Enquanto o Amor não vem, tudo será espesso e triste.
Porque o Amor é simples
E abre os corações:
O Amor abre os corações e os ilumina.

Enquanto o Amor não vem, as lâmpadas estarão acesas
E a luz das lâmpadas tremerá nos limites das trevas.

Enquanto o Amor não vem, os limites continuarão:
Cada um ficará onde está,
Cada um continuará na sua defesa.
Só o Amor faz cessar o gemido das almas
Porque as funde todas ao seu calor.
E só os separados é que clamam – e o seu desespero se
[prolonga eternamente.

PRESSÁGIO

Sonhei que não estavas mais:
Que sonho horrível!
Sonhei que tinhas partido,
Sonhei que estavas dormindo
O Grande Sono
E que o meu choro
E que os meus gritos,
Não te poderiam mais acordar.

Sonhei que estavas morta!

No entanto estavas esquecida, há muito
Estavas ausente.
Estavas na minha lembrança, imóvel
Porque a vida te separou de mim.
No entanto a ilusão de que tinhas partido
Te acordou de novo
No meu coração.
E viveste em mim violentamente.
Solucei a tua ausência, desesperado,
Os olhos dentro da noite sem fim:
Solucei como um náufrago na solidão das águas,
Solucei como um perdido a tua distância sem remédio.

Só porque sonhei que não estavas mais
O meu amor voltou num instante:
Lembrei teu corpo em flor, menina ainda...
Lembrei os teus cabelos e os teus olhos...

Chorando abracei tua imagem esquecida.
No entanto estavas perdida,
Estavas perdida no fundo do meu cansado coração.
Agora
Meu coração está cheio de presságios:
Quem partiu fui eu!
Em breve minha memória ficará gelada
E a calma infinita me sepultará.

À YÊDDA

para que a poesia
torne à sua origem

Dedicatória em *Canto da Noite*.

APARIÇÃO DO AMOR

Estão de frio tremendo os galhos doentes.
O amor aí vem de gelo todo feito.
Descem do céu os prantos matutinos.
Correm, flores, brincando nas campinas.

Andam sóis a vagar no ermo infinito.
Sinos choram dobrando o ar sepultado
Neste peito de ardores inundado
O amor já vai surgir, no dorso frio
Das águas deste mar sem cor nem termo.

Clarões no espaço choram o fogo extinto.
Sons bêbados e tristes passam loucos
Em procura da música perdida.
Amor já vai surgir.
Claros espaços abri caminhos pelo tempo adiante.
Flores nascei branquíssimas e puras.
Santas morrei, chorai mães mais felizes.
O amor virá encher o céu e o azul, o abismo e a grande nuvem
E envolverá de vida o Amor como a morte ao mendigo.

MOMENTO

Desejo de não ser nem herói e nem poeta
Desejo de não ser senão feliz e calmo.
Desejo das volúpias castas e sem sombra
Dos fins de jantar nas casas burguesas.

Desejo manso das moringas de água fresca
Das flores eternas nos vasos verdes.
Desejo dos filhos crescendo vivos e surpreendentes
Desejo de vestidos de linho azul da esposa amada.

Oh! não as tentaculares investidas para o alto
E o tédio das cidades sacrificadas.
Desejo de integração no cotidiano.
Desejo de passar em silêncio, sem brilho.
E desaparecer em Deus – com pouco sofrimento
E com a ternura dos que a vida não maltratou.

DESPEDIDA

Os que seguem os trens onde viajam moças muito doentes
[com os olhos chorando
Os que lembram da terra perdida, acordados pelos apitos dos navios
Os que encontram a infância distante numa criança que brinca
Estes entenderão o desespero da minha despedida.
Porque este amor que vai viajar para a última estação da memória
Foi a infância distante, foi a pátria perdida, e a moça que não volta.

A QUE PERDI

A que perdi está misturada, tão misturada comigo
Que às vezes sobe ao meu coração o seu coração morto
E sinto o seu sangue correr nas minhas veias.
A que perdi é tão presente no meu pensamento
Que sinto misturarem-se com as minhas lembranças de
[infância as lembranças
[de sua infância desconhecida.
A que perdi é tão minha que as minhas lágrimas vieram
[dos seus olhos
E as suas é que descem dos meus.
A que perdi está dentro do meu espírito como o filho no
[corpo materno
Como o pensamento na palavra
Como a morte no fim dos caminhos do mundo.

DESCANSO

Olho o céu e enfim descanso!
Olho o céu e as estrelas frias
E o vão tormento que me segue sempre
De repente se vai com a leveza do fumo que o vento atira para longe
Olho o céu alto e enorme e descanso.
Uma serenidade de renúncia desce sobre minh'alma rota e feia.
O que horas antes me exaltava, amores, ódios, temor,
                                    [miséria e ingratidão, nada é.
Olho o céu frio e simples e descanso.
Vem de súbito para o meu coração ferido a compreensão
                                                [da caridade.
Sinto que sou feliz por não ter tido nada.
Sinto que posso seguir porque nada me prende
Porque o amor que tanto esperei nunca chegou
Porque a fortuna que eu quis passou de longe,
A glória que sonhei nem sequer me sorriu
Sinto que estou sozinho e pobre como a noite
Sinto que estou pobre e que darei sem remorso tudo que me resta.
A solidão é o meu conforto e o meu consolo.
Estou mais perto de Deus!

Minh'alma se perde na noite simples e infinita.

CONVITE

O céu deserto e claro. As águas verdes. O vento da tarde.
[O perfume das flores. As
[árvores. Teus cabelos desgrenhados...
Vem, o amor vela por nós! Tuas mãos são frias.
Vem, os teus olhos brilham!
Os fogos das ilhas verdes se apagaram.
Vem, haverá silêncio, o grande silêncio sossegado.
Nem os pássaros atravessarão à tarde o céu sereno.

Teu amor é o meu sono de doente
Teu amor é o meu sono de perdido.
Haverá um sossego infinito nas vozes do mar
Não cantarei nas nossas noites.

Estarei ao teu lado humilde. O céu será tão claro.
Vem, acalmarei os meus desejos acordados.
Serás o sonho vago, o perseguido sonho,
O mistério do amor. Não te desvendarei.

Esquece a vida, os dias tristes, as lágrimas
Esquece o teu passado pobre e morto.
Os navios passarão no fundo do horizonte.
A fumaça das chaminés errará pelo céu.
Vem, as noites descerão como sombras tímidas
E as estrelas brilharão sem cessar.

As ondas beijarão os teus pés mansamente.
Solitário este amor é mais triste que os campos
Que o inverno queimou.
Solitário este amor é um delírio sem termo
Solitário este amor é um martírio impossível.

Vem, esquece a solidão dos túmulos perdidos!
Os amores estão todos dentro de mim
Todos os corações dentro do meu.

Vem, quando eu beijar teus olhos tristes e macios, meus
                              [lábios conterão todos os lábios
Dos que te amaram.
Vem, anda agora a seguir-te a noite enorme. É tempo ainda.
Em ti tudo o que fui há de se dispersar.

Vem, o silêncio é longo e uiva dentro da noite
Sei que há vozes clamando e chorando por ti
Mas teu carinho é inútil.

Vem, os homens já dormem, fugiremos de manso,
O mar nos levará para a pátria perdida
O mar nos levará no seu dorso.
Para te embalar as ondas cantarão.

ELEGIA

Entrou na sala e ficou em pé tocando piano,
Sua mão pequena batia no teclado duramente.
Lembro que estava de vermelho
Lembro que tinha nas tranças finas uma fita preta
Lembro que era de tarde
E entrava pelas janelas abertas o vento do mar.
Não lembro se tinha flores perto dela.
Mas nascia um perfume do seu corpo.

Que amor o meu!

PRIMAVERA I

Verei a Primavera se encaminhar com o seu chapéu de
[palha e o seu róseo vestido
Pelas ruas amigas, perto da casa em que mora.
Verei o teu rosto se tingir com a poeira dos ocasos
E tuas mãos morenas se balançarem tênues sob a água das cascatas
Longe das ingratidões, das lutas, dos equívocos de todo dia.
Os cisnes se confiarão como nos tempos calmos.
As violetas distantes sorrirão com as terras úmidas e grávidas.
Os pássaros, os ninhos vão cantar!
Verei chegar o teu vestido e te confundirei com a Primavera.
Seguirei com a Primavera pelas ruas.
Os circos vão pousar como pássaros enormes.
Primavera! Primavera!
O amor vai renascer nos campos
E as amadas dormirão cobertas pelos azuis sem fim!

NÚPCIAS II

Ouço o vento do mar nas pedras
Ouço o vento crescer na floresta
Ouço tua voz ao meu lado.

Sinto o calor das tuas mãos nas minhas
Sinto o gosto dos teus cabelos nos meus lábios
Sinto que os teus olhos cerrados caíram sobre distâncias sem termo.

Do céu – que importa! – da terra ou da mata o Amor chegou
Veio com os astros ou com o vento.

Veio de longe ou de nós mesmos onde estava escondido?
Chegou o Amor!
E eu vejo os teus seios se iluminarem!
E eu vejo a vida se formar no teu corpo!
As estrelas estão caindo sobre nós.

PRIMAVERA II

Dia para quem ama
Dia límpido e claro!
O azul do céu, o azul da terra, o azul do mar!
Dia para quem é feliz e sem tormento
Dia para quem ama e não sofre de amor!
Dia para as felicidades inocentes.

Em mim a mocidade acordou violentamente
Porque o sol expulsou as trevas e inundou-me!
Uma pulsação de vida enche meu ser doentio e incerto.

Vejo as águas correndo
Vejo a vida e o espaço
Vejo as matas e as grandes cidades líricas
Vejo os vergéis em flor!
É a primavera! É a primavera!
Desejo de tudo abandonar e sair cantando pelos caminhos!

QUANDO

Quando repousarás em mim como a poesia nos grandes poetas
Como a pureza na alma dos santos
Como os pássaros nas torres das igrejas?
Quando repousará o teu amor no meu amor?
Quando penetrará tua luz nos meus olhos vazios,
Como o sol nos pântanos
Como o sorriso nos tristes
Como o Cristo no mundo em pecado?

CAIREI DE JOELHOS

Cairei de joelhos soluçando.
Teu amor distante ficará.
Mortas as flores, sombras doentes.
Teu amor perdido ficará.

Noites sombrias. Ramos tão tristes.
Nuvens no céu lentas passando.
Cairei de joelhos soluçando.
Ventos de leste! Ventos soprando!

Morreu a amada que vai de branco.
Mãos em abandono, risos e choros,
Bêbados loucos, lobos nas matas.

O Poeta olhando pelas vidraças.
A neve, o frio, pesando enorme a solidão.
A alma da amada passa voando.

AMOR

A porta aberta está.
Rubro é o vestido.
Vem sem meias, Senhor!
Cantá-la, como poderei?

Mas canta por mim,
Canta manhã, verdura
Dos campos canta
Que nem tenho voz!

Ouço os seus olhos me contarem:
– Dormi, sonhei, morri, quem sabe!
Que mistério esta noite, meu amor!

Penso num vago lugar, penso na estrela.
Na andorinha do céu avoando, avoando.
Adeus – Julieta – vou fugir daqui!

DESCIDA

Desci aos mudos céus
Como se infernos fossem.
Desci aos rios brancos
À água límpida, como descera
Ao rude mar repleto e alucinante.
Desci ao amor sorrindo.

AS DESAPARECIDAS

As moças desaparecidas estão chamando
Ouço suas vozes. São vozes de fogueiras.
São vozes de vento nas vidraças!
Em torno de mim, há a noite que se debruça como se
                                          [estivesse me espiando.
Ouço a voz da minha prima Julieta os seus cabelos se agitam.
As suas mãos fazem gestos e ruídos de pulseiras finas.
As moças desaparecidas estão chamando
Que agitação de sombra desce pelo jardim,
Pelo ermo jardim agora povoado!
As moças desaparecidas estão chamando
Caminham para mim com os seus sorrisos.
Estou vendo Maria Helena, estou vendo as outras,
Estou vendo as que brincavam de amor nos portões pequeninos.
Alguma coisa de fundo cresce da grande tristeza desses chamados,
São as mortas que eram claras e meninas
São as delicadas que o beijo da morte prende misteriosamente
São os chamados das moças, da minha prima e de todas as outras,
Este chamado que estou ouvindo com o silêncio desta noite.

POR QUE CHORAR?

Por que chorar se o céu está róseo
Se as flores estão nas trepadeiras balançando, ao sopro
[leve do vento?
Por que chorar se há felicidade nos caminhos,
Se há sinos batendo nas aldeias de Portugal?
Por que chorar se os meninos estão nos circos
Se a poesia está rolando nas pedras da serra do nunca mais?
Por que chorar se há clarinetes entardecendo
Se há missas no fundo do Brasil?
Por que chorar se há virgens morrendo
Se há doentes sorrindo
Se há estrelas no céu de junho
Por que chorar?
Por que chorar se há jasmins nos caminhos
E moças de branco namoradas
Por que chorar?
Por que chorar – meu Deus, se estou feliz e pobre,
Feliz como os pobres desconhecidos dos hospitais
Feliz como os cegos para quem a luz é mais bela do que a luz
Feliz como os mendigos alimentados
Feliz como os desamados que tiveram um beijo
Feliz como as velhas dançarinas aplaudidas de repente
Feliz como um prisioneiro dormindo
Por que chorar?

ADEUS!

São entenderás nunca os motivos que me fizeram atravessar
A grande noite, a fria noite e a tua indiferença.
Vim porque a minha hora estava se tornando longa demais;
E o frio já me gelava
Vim porque o escuro estava pesando sobre os meus olhos
E o meu ser estava encolhido, longe da morte e da vida
Longe de tudo!
Vim porque não podia, porque era um condenado
Porque precisava de ti.
Vim porque me prometeste um dia o sossego
E eu acreditei nas tuas palavras.
Vim porque não podia mais!

Sei porém que és pior do que o escuro e o frio
Sei que és mais terrível do que a solidão
Sei que és o meu próprio vazio
E que o teu mundo não é o meu.
Sei o que pensaste quando me viste entrar.
Eras a minha ilusão final
Hoje nem mais meu desespero tu és.
Minhas palavras te são indiferentes
Eu te sou indiferente.
Mas antes de partir quero te dizer adeus!

Quero demorar-me sobre o teu túmulo porque é o meu túmulo
Quero chorar sobre o teu corpo porque é meu corpo
Quero demorar-me um minuto ao teu lado
Porque és eu mesmo, oh! minha sombra, meu engano e minha dor!

REVELAÇÃO DA LUA

A lua quase plena – enorme e de ouro –
Está debruçada sobre os mares!
Oh! é a lua, a velha lua,
Há tanto escondida, há tanto perdida de nós, é a lua!
É a lua – que, de repente, surpreendeu os nossos olhos
                                  [indiferentes aos céus,
Os nossos olhos cansados, os nossos olhos pregados nas
                                  [ruas, nas casas,
Os nossos olhos voltados para as fisionomias inquietas,
Os nossos olhos inquietos e ausentes da beleza, ausentes da poesia.

A lua está no céu. Quase plena, lua de ouro!
Espetáculo novo, inédito, fora do tempo,
Espetáculo inédito, esse da lua!
Há quanto tempo não olhávamos a lua!
Há quanto tempo não sentíamos as carícias lunares,
                        [as carícias lunares sobre o dorso
                        [frio das águas vivas e palpitantes!
Há quanto tempo não víamos as estrelas impassíveis
                        [e geladas dançando em redor da
                        [grande lua inquieta e dolente!

Ó lua, lua mágica, enfim te vemos,
Enfim sentimos o teu chamado,
Enfim sentimos o teu sorriso,
Enfim sentimos o teu convite às viagens maravilhosas,
Enfim sentimos, velha lua, o teu perdido sortilégio.

Ó lua do amor, lua dos primeiros sonhos e das primeiras namoradas!

Lua madura, quase caindo do tronco da grande noite tropical!
Ó lua do amor, lua dos mares, lua que inspiras as canções
[dos navegantes,
As canções que adoçam as roucas vozes marítimas!
Lua da China, dos jardins de crisântemos enlanguescentes,
Lua das estradas, lua das aldeias,
Lua dos pomares, lua das campinas,
Lua dos mortos, lua dos boêmios desaparecidos,
Lua dos poetas – lua do pobre e adolescente Laforgue,
Lua rica e substancial,
Lua dos saltimbancos em viagem,
Lua das mulheres perdidas,
Lua das freiras aquietadas nos pobres leitos,
Lua dos cães, lua dos mares,
Lua das lágrimas, lua dos galos, lua alucinada,
Lua da saudade,
Da minha saudade!

Enfim te vejo, ó velha lua,
Lua que enlouqueceste o poeta
E que sorriste das suas lágrimas adolescentes,
Lua confidente, do tempo em que o Amor era o destino,
[a glória e o martírio,

Lua que ouviste os velhos suspiros de perdido sonho,
Lua dos meus tormentos e das minhas glórias,
Enfim te vejo, enfim te sinto macia e dolente como os
[meus sentimentos de outrora!
Enfim te encontro, perdida lua!
Enfim te contemplo no mesmo lugar de sempre,
Na mesma fidelidade ao grande lobo,
A esse grande mar, inquieto e áspero,
Na mesma ternura por esse velho mar dos sonhos, das
[viagens e dos mistérios,
Por esse velho mar infiel e maravilhoso,
Que a tua luz – ó lua – está beijando e transfigurando, agora.
Com uma quieta e impassível poesia!

DESTINO DA BELEZA

Quando o tempo desfaz as formas perecíveis,
Para onde vai, qual o destino da Beleza,
Que é a expressão da própria eternidade?

Na hora da libertação das formas,
Qual o destino da Beleza, que as formas puras realizaram?

Qual o destino do que é eterno,
Mas está configurado no efêmero,
No momento inexorável da purificação?

A Beleza não morre.
Não importa que o seu caminho
Seja visitado pela destruição, que é a própria lei
E pelas sombras.

A Beleza não morre.
Deus recolhe as flores que o tempo desfolha;
Deus recolhe a música das fisionomias que o tempo
[escurece e silencia;
Deus recolhe o que venceu as substâncias frágeis
E realizou o milagre do Espírito Impassível
No movimento e na matéria.
Deus recolhe a Beleza como o corpo absorve a sua sombra.
Na hora em que a luz realiza o seu destino de unidade e pureza.

POEMA

Escutarás descer dos montes
Envolvidos em treva
O grito imenso.
Depois, silêncio só.
Nos céus, multiplicados,
As luzes das estrelas nos espreitam.
Sinto os teus braços infantis.
Abraçam-me.
Sinto teus olhos tristes
Sobre o meu ser infeliz e pequeno.
Sinto as tuas lágrimas,
Descidas, como estrelas,
Dos teus olhos escuros
E distantes.
Tua tristeza se derrama sobre mim.
Penso que um dia estaremos separados.
Penso que de mim te levarão inerte um dia,
Ou que te arrancarão de mim talvez.
Sinto que estamos unidos neste mundo,
Que receberemos os convites
Da morte indiferente,
Mergulhados na distância
E no amor,
No silêncio e no escuro
Da noite envolvente e infinita.

POEMA

Coberta de lírios, irás docemente.
Coberta de lírios, com os olhos fechados,
Irás para o seio sem termo da noite
Coberta de lírios!

Teu corpo moreno,
Teu corpo pequeno,
Teu corpo tão puro,
Irá para o fundo da morte sem termo,
Coberto de lírios molhados de orvalho!
Tua voz apagada,
Tua voz tão perdida,
Tua voz sufocada
No seio da morte,
No ar dessa tarde que sinto chegando,
Cantará cantigas dos tempos de outrora,
Dos tempos dos lírios molhados de orvalho.

Tuas mãos tão geladas,
Tuas mãos tão unidas,
Tuas mãos tão perdidas
No frio regaço da morte madrasta,
Tuas mãos, que colhiam os lírios de outrora,
Molhados de orvalho,
Serão maltratadas, serão castigadas
No frio silêncio do seio noturno!

Ah! deixa que o vento,
Que passa chorando,
Agite nos ares o cheiro das matas.
Ah! deixa que as sombras dos tempos de outrora
Envolvam nos ares os céus tão azuis.
Ah! deixa que os rios se turvem com os limos.
Ah! deixa que eu durma na noite esquecida,
Enquanto não colhes nos tristes jardins
Os lírios molhados do orvalho noturno,
Que irão enfeitar
Teu corpo moreno,
Teu corpo pequeno,
Que a morte tocou.

POEMA

Estou-te vendo morta, meu Amor!
Estou vendo as portas da tua casa abertas.
Estou vendo deserta a janela de onde olhávamos o mar.
Estou vendo o mar, onde não mais teus olhos viajarão perdidos.
Estou vendo teu corpo claro envolto no grande frio que
                                        [bateu inesperado à tua porta.

Estou-te vendo morta, neste momento.
Estou sentindo o vento chegar e apagar as luzes das velas.
Estou sentindo o perfume das flores sobre o teu corpo.

Estou-te vendo toda morta!
Olho os teus ouvidos, e sei que estão fechados para as
                                        [palavras que não te disse e esperavas de mim.
Estou com as tuas mãos nas minhas,
E vejo-as misteriosas e inertes.
Os teus olhos sorriem ainda, como se tivesse por eles
                                        [entrado o céu lavado e azul.
Só os teus olhos guardam a doçura da alma, que saiu por
                                        [eles para longe.
Mas o teu corpo morto é de uma gravidade infinita.
A noite desceu rápida, para esconder às coisas vãs a tua ausência.
Estás morta, mas pelos caminhos passam, neste instante,
                                        [pares indiferentes,
E as águas batem de encontro às pedras,
E os pássaros dormem nos ninhos,
Como o meu coração dentro do teu corpo pequenino e frio.

NOITE DE AMOR

Esta noite de amor é uma noite única.
Não nos encontraremos nunca mais,
Não seremos nunca mais os mesmos,
Com o mesmo ritmo e as mesmas incertezas deste instante.

Mais um dia, e nascerão coisas novas em nós,
E nossos corações serão diferentes,
Habitados por outros sentimentos, mais ricos e talvez melhores.

Mas esta noite de amor é única entre todas.
As nossas ausências se saciaram, as nossas mágoas
Fizeram nascer lágrimas; e luzes perdidas
Chegaram, iluminando a nossa densa noite antiga.

Nunca mais nos encontraremos. Amanhã seremos seres novos,
E nos amaremos com força, e paciência maior talvez,
Mas não nos amaremos mais assim, com essa lúcida ternura,
Não nos amaremos nunca mais com essa tristeza,
Com essa piedade e reconhecimento das nossas fraquezas,
Com esse desejo de sofrermos os nossos sofrimentos,
Com essa humilde esperança de nos salvarmos da morte,
Com essa alegria que transparece nos nossos úmidos olhares.

Esta noite é única. É uma noite de salvação e de profunda
                                                          [humildade.
É uma noite que não se repetirá mais no tempo,
Porque não seremos, em breve, mais os mesmos.
Alguma coisa acontecerá em nós de novo,
E nos transformará.
Há um perfume de despedida nesta noite de entendimento e de paz.

POEMA

Encontraremos o amor depois que um de nós abandonar
[os brinquedos.
Encontraremos o amor depois que nos tivermos despedido
E caminharmos separados pelos caminhos.

Então ele passará por nós,
E terá a figura de um velho trôpego,
Ou mesmo de um cão abandonado.

O amor é uma iluminação, e está em nós, contido em nós,
E são sinais indiferentes e próximos que o acordam do
[seu sono subitamente.

POEMA

Antes do esquecimento, antes que o tempo sufoque as
                                [últimas resistências da lembrança,
Antes que o meu ser acompanhe o teu ser na viagem para
                                           [o eterno silêncio,
Antes que a mão que escreve estas linhas
Seja imobilizada pelo mesmo frio que matou tuas mãos
                                              [maravilhosas,
Antes que a minha cabeça e o meu coração
Se debrucem sobre o sono sem termo que te guarda,
Aceita, ó amada, que te recorde ainda um instante,
Que eu procure fixar a tua longínqua expressão
Nestes pobres versos frágeis, que não resistirão ao
                                      [tumulto do tempo tão adverso;
Deixa que eu console a minha ingênua esperança
De que a tua imagem fará animar estas linhas
Da chama da tua graça desaparecida!
Ó flor, ó rosa tímida, de que o frio secou as débeis pétalas,
Deixa, antes do esquecimento, que eu reveja o teu sorriso,
O teu sorriso de outono e de lágrimas;
Deixa que eu procure fazer vibrar, no indiferente silêncio,
A música da tua voz, da tua voz de segredo,
De vento noturno nos distantes jardins,
Da tua voz de medo e de impossível carinho:
Deixa que eu faça brilhar ao sol deste dia os teus pobres
                                            [cabelos escondidos.
Com a mesma vida que os animava, que os iluminava outrora!
Deixa que eu procure evocar os teus gestos, o teu ritmo
                                                   [inconfundível
A música misteriosa dos teus movimentos,

Ó flor tão breve aberta e desfolhada!
Deixa que eu tente fazer sorrir o teu sorriso,
E viver ainda o teu olhar, um momento,
Um momento antes do grande esquecimento,
Antes do derradeiro esquecimento!

**MAR
DESCONHECIDO**

Dedicatória em *Mar Desconhecido*.

QUE AMOR, QUE SONHOS, QUE BEIJOS...

Que amor, que sonhos, que beijos,
Sob as árvores frondosas,
Outrora, Dulce, trocamos!

As horas macias, claras,
Fugiam céleres, rindo
Do nosso enlevo inocente.

Que encantamento divino
No teu olhar soberano,
No teu escuro olhar fundo,
Como um céu negro e fechado!

O tempo passou – e agora,
De nosso sonho, que resta?
Que resta de amor tão grande?

Nem saudades, só a cinza
Do grande incêndio amoroso
Em que um dia nos queimamos!

UM DIA TE ENCONTRAREI

Um dia te encontrarei.
Meu segredo se abrirá como as flores da tarde.
Descerá sobre o teu espírito a distância de tudo.
E o que hoje é incrível será simples como o avanço das
                                        [raízes dentro da terra.

Abrirei meu coração, e te encontrarás nele.
Abrirei meu espírito ao teu olhar lúcido,
E te surpreenderás nele, serás tu mesma,
– Tu, a que está livre das limitações,
A que avança misteriosamente dentro da noite,
Tu, a que é a Impossível.

CANTAR!

Cantar – claro cantar – para não ficar louco.
Ver a voz se formar num milagre, e se erguer
Até ao céu azul, ao céu azul, ao céu azul, azul.
Cantar! Encher o abismo, encher o escuro e o frio,
De som, de voz, de ritmo, de música,
Encher esta loucura atroz, que é vazio sem termo.
Cantar a Vida, que é e não é;
Cantar o Amor, que é e não é,
E a volúpia de carnes róseas a descer sobre lábios frementes!
Oh! ter perdido o ritmo – e dizer a poesia em bloco, em
[coágulos, violenta!
Seios túmidos, reais, seios mornos, pequenos,
Seios de sal e espuma, amargos e infinitos,
Seios para os grandes saltos solitários!
Bendito seja o inútil! Oh! bendito seja o inútil!
Bendito seja o livre! Oh! bendito seja o livre!
Bendita seja a boca! Oh! bendita seja a boca!
(A que não tem palavras, a que contém os beijos.)
Bendito seja o olhar! Oh! bendito seja o olhar!
(Não o que chora, mas o que penetra em nós como punhal.)
Benditas sejam as mãos! Oh! benditas sejam a mãos!
(Não as que trabalham, mas as que falam de amor no escuro.)
Benditos sejam os pés! Oh! benditos sejam os pés!
(Não os que caminham, mas o que afagam a ponta fria dos lençóis.)
Benditos sejam os cabelos! Oh! benditos sejam os cabelos!
(Não os brancos de dor, mas os rudes, sensuais!)
Bendita seja a dança! O perfume que marcha!
A filha de Israel! A filha de Sião!
A filha de Labão! A mulher de Booz!
Cantar! cantar! cantar para não ficar louco!
Balaão! balaão! balaão! balaão!

POEMA

As almas sobem para o Céu sozinhas:
O amor do mundo não as acompanha.
No entanto, as almas que amam não se perdem,
Porque o Amor é enriquecimento.

Estou pensando agora é nos que morreram em silêncio,
Nos que amaram e nada tiveram,
Nos que subiram com sede para o Céu,
Nos que olharam a vida através das vidraças.

Estou pensando em todos os órgãos de Amor.
Estou vivendo agora a contemplação das suas vidas.
Estou vendo as suas tardes e as suas noites.
Sei bem que Deus os acolherá e que ficarão saciados.

Mas uma tristeza impossível entrou no meu coração.
Lembro-me dos homens-árvores, dos que amaram de longe,
E me sinto pequeno por ter tocado em frutos que não eram meus,
Em frutos que foram por outros amargamente desejados.

Meu Deus, eu quero renunciar a todas as coisas!
Eu quero não ter nenhum desejo de posse,
Eu quero despojar-me de todas as minhas riquezas,
Porque não mereço senão a nudez.

Estou pensando nos que morreram sem esperança,
Nos que amaram e foram ignorados,
Nos velhos retratos, em que a vida foi fixada para maior tormento.
– Meu Deus, eu desejo morrer como as criancinhas
                [misteriosas cuja lembrança nem sequer
                    [marcou os corações maternos.

SONATA

Desabaram as imagens do passado
Sobre o meu coração frágil e quieto.
Abro os olhos de súbito, e me encontro
Em velho templo sepultado há muito!

Amores meus de outrora – amores velhos –
Ora vos vejo – e tanto estais distantes!
Março – idos de março – oh! flamas raras,
Flores morenas, desmaiadas, brancas!

Tranças de abril, sorrisos das estrelas
Nos altos céus tão puros como as almas
Dos pequeninos mártires sorrindo
Depois da mão da morte os ter tocado.

Oh! soluços de maio! Oh! doces frutos,
Perfumes a descer das trepadeiras!
Olhos batidos pelo beijo morno
Do vento errante sobre as várzeas mansas!

Amor! onde encontrei teu brando vulto?
Em folguedos gentis de fevereiro,
Lembro os teus gestos tímidos e alegres,
Teus molhados cabelos, lábios rubros.

Amor do meu verão. Campinas quietas.
Grandes sóis, a cantar na imensidade.
Redes balançando. Humildes vozes,
Cantando ao sol os lívidos mormaços.

Verei cair os frutos matutinos.
Verei descer em bandos, misteriosas,
As estrelas dos céus altos e fundos.
Verei dormir os pássaros nas frondes.

Verei de novo os risos das auroras.
Verei os sinos de maio enchendo as tardes.
Verei os pares caminhando unidos.
– Mas meu verão não reverei jamais.

Não acordarei jamais teus longos beijos,
Não acordarei jamais teu pranto leve,
Não acenderei jamais os teus olhares,
Tuas mãos pequenas quietas ficarão.

Não colherei teu sono de repente.
Dormindo estavas – lembras-te, Luciana?
Teus pés pequenos, nus se repousavam
Sobre os brancos lençóis de linho antigo.

As árvores, pejadas, balançavam seus grandes braços.
Era noite alta...
Adeus, verão de outrora...
Teus cabelos, o vento, as plantas, tudo.

Era noite alta...
Já os fogos estão acesos; longos
Gemidos no ar, enchendo as horas.
De bruços verei chegar o eterno frio!

INFÂNCIA

Conservarei da tua infância o perfume da tarde sobre canteiros,
O som das rezas, o fumo dos incensos raros.
Conservarei da tua infância a clara poesia das violetas.
Conservarei da tua infância a música dos teus primeiros instantes,
O ritmo das primeiras compreensões que desceram dos teus olhos
Até a superfície mansa da tua alma.

Conservarei da tua infância toda a poesia.
Ficarás aclarada e eterna, adivinhada e perfeita na minha lembrança;
Viverás pequena e estranha em mim!
Ficarás em mim, com tua infância intata.

Olho as mesmas paisagens da entrada da noite;
Ouço ainda os mesmos ruídos que chegaram aos teus
                                                    [ouvidos outrora.
Quando estavas apenas no meu ser (no fundo do meu ser),
                                                    [primitiva e sem expressão,
Quando estavas guardada no meu sonho,
E eu te sentia, mas não percebia as tuas dimensões ainda,
Eu te escutava nos primeiros sons da música que se ia
                                                    [realizar no meu ser um dia.

Eu te sinto como tu foste quando dormias no meu sono,
Quando vibravas nos meus primeiros entusiasmos,
Quando choravas ainda nas minhas lágrimas,
E eras ainda a fonte desconhecida da minha tristeza.

A tua infância, amor meu, não se perderá nunca:
Está em mim, na obstinação da eternidade dos efêmeros lírios,
No vigor das seivas da minha poesia,
No abandono das minhas esperanças.
A tua infância é a minha infância,
E é para o teu passado que se volta a alma inquieta do teu
[filho, meu amor!
Como o pássaro das longas travessias marítimas para as
[terras esperadas e distantes.

Dedicatória em *Aurora Lívida*.

ENCONTRO DE JOSEFINA

Trazei-me, horas passadas, tão vividas,
Essa imagem que em vão o tempo esconde!
Trazei-me, ó débil vento da lembrança,
Esse perfume que em meu ser penetra.

E muda o que já foi em vivo tempo.
Trazei-me, antigas vozes, que em silêncio
Vos transformastes, pela dura lei,
Trazei-me a sua voz estranha e doce.

Era o mar. Era a tarde. Eram errantes
Pássaros a buscar os rudes ninhos
Entre os negros e aspérrimos penhascos.

Era o princípio de uma grande viagem.
O seu rosto era o Sonho, e eu vi o Sonho
Desmaiado de amor, nos braços meus!

PERDIÇÃO DE JOSEFINA

Eu vi o lírio debruçado sobre a escura terra.
Eu vi o lírio manchado e murcho.
Eu vi o lírio perdido para mim e perdido para os tempos!
E senti no coração as mágoas das grandes culpas.

Por que não salvamos Josefina, Senhor?
Por que deixamos a perdida filha da noite
Abandonada às míseras prisões cotidianas?
Por que não salvamos aquela que era a Graça e cantava?

Por que não a violentamos com o nosso ímpeto,
E por que a deixamos brincando na sua inconsciência?

Hoje, será a presa das coisas baças e melancólicas
No entanto, foi um sorriso, foi um instante de frescura e repouso,
Uma sombra de velhas árvores,
Um inquieto regato.
Hoje está no triste caminho das renúncias
– E foi o Sonho, e tinha as mãos frias e os pés pequenos e leves.
Era uma Graça morena, era a presença do Amor, era a rosa
[mal nascida.

Um dia nos convidou para a fuga,
E sentimos que os ventos da noite falavam pela sua voz inocente,
Sentimos que era a própria fantasia que palpitava
Nos seus seios virginais!

Ah! perdida Josefina!

Senhor! tudo isso não é mais;
Tudo isso está escondido, e mal podemos lembrar o que foi um dia.
Hoje nos poderemos debruçar sobre a que foi Josefina!
Seu destino foi mais triste que o das flores que a tempestade
[sufocou.
Seu destino foi mais triste que o dos passarinhos mortos
[ainda implumes!
Josefina, Senhor, é a serva das coisas mais pobres e feias!

JOSEFINA NO CORAÇÃO DAS FOGUEIRAS

Junho virá de novo!
Sentiremos as úmidas estrelas
Nos mesmos céus de outrora.

Junho virá de novo!
E de novo fixada no tempo,
Livre, pura e alta,

Surgirá a eterna Josefina,
Morena e simples, com a fronte límpida,
As flores inocentes nos cabelos,

Tal como o Amor a configurou,
Tal como se revelou à poesia,
Na sua humilde hora de glória.

Junho virá de novo!
Fogueiras ardendo, vozes macias!
Veremos de novo, nos céus em flor, a fuga das estrelas.

Teremos de novo nas nossas mãos
As frias e delicadas mãos de Josefina,
Tal como aconteceu no morto tempo.

Teremos de novo pousada em nosso peito
A cabeça gentil de Josefina,
Num gesto manso de abandono.

Num gesto de pássaro cansado,
A cabeça gentil de Josefina pousará de novo
Junto ao nosso coração pacificado,

Tal como aconteceu na hora perdida,
Na hora em que a dança envolveu o tempo morto.
Junho virá de novo!

Josefina voltará com os primeiros frios de junho!
No coração das fogueiras a fisionomia de Josefina não sorrirá.
Ela não será efêmera como as flores e a pobre mocidade.

Josefina virá de novo, na hora de liberdade e transfiguração.
O Sonho a trará adormecida nos seus longos braços,
Com as sandálias balançando nos pequenos pés morenos,

Com as flores simples nos cabelos,
Tal como o Amor a fixou para sempre.
Junho trará de novo Josefina!

SONETO

A hora é virgiliana. Um vento manso vem dos campos em flor.
Do seio da noite – da noite antiga e tranqüila –
Surge o canto da terra fecunda e adormecida.
As águas vivas viajando cantando e rindo.

Meu coração agradece a Deus esta hora plena,
E o meu espírito repousa, como o vinho as velhas botelhas.
Sinto as flores em botão nos jardins.
Sinto a germinação dos frutos, e os gestos fundos das raízes.

As árvores avançam para os astros.
Os bichos da terra e os pássaros inquietos
Estão dormindo nesta hora de abandono e esquecimento.

O tempo parece vencido pela volúpia criadora,
E os meus olhos assistem, no denso escuro,
Aos movimentos das virgens formas que estão nascendo!

SONETO

Não sei como te encontrei, simples e de branco,
Os olhos sossegados e as mãos pousadas e serenas.
Não sei como estás viva e ao meu lado,
Se eu neste momento me despenhei no teu ser,

Se eu violei teu misterioso silêncio,
Se eu penetrei nas secretas paragens
Com a violência deste amor,
Com a fúria desta posse desesperada.

Não sei como és tu mesma,
Se eu fui encontrar-me em ti, virginal e perfeita, em ti, meu amor.
Não sei como estás viva e nítida.

Se eu te perdi nos fundos espaços,
Se eu te abandonei nos fundos espaços sem espaço, meu amor,
Meu oceano, de que sou o único náufrago!

SONETO

Passa a saudade do que foi e é morto.
Passa a glória que eu quis e me fugiu.
Passam as próprias visões do mundo e a vida,
E é sonho quanto tive em minhas mãos.

Passam as flores nascidas mais perfeitas.
Passa a beleza, e a dor, passam tormentos.
Passa essa angústia diante do eterno nada,
Que não passa, Senhor, todo momento?

De incerteza em incerteza, a vida corre,
E nos mudamos nós, de instante a instante.
O que foi, ele próprio, sofre muda.

Só não passa este amor tão passageiro.
Só não muda este amor que é tão mudável.
Só este amor incerto é certo em mim.

SONETO

Nada ficou em mim do tempo extinto:
As tristezas de outrora, as inquietas esperas,
Fugiram com a alvorada que surgia
Nos plúmbeos céus, escuros, sufocados.

Nada ficou em mim do velho tempo:
As paisagens que eu vi, os seres, tudo
Mergulhou no esquecido mar sem termo,
Onde o silêncio é a lei única e certa.

Bem sei que o Amor de outrora é também sombra.
Bem sei que a luz de um sol que é a própria vida
Não virá nunca mais salvar das trevas.

O que se foi e em poeira está mudado.
Bem sei que as vozes que ouço e esse perfume
Que sinto, do passado – é sonho apenas.

SONETO

Os laranjais em flor. Noites estranhas,
Em que o amor era flama e juventude.
Luas novas no céu, flores novas na terra,
Frutos para nascer, palpitando nas árvores.

Laranjais que a lua doce e quieta
Amadurecia com o seu sorriso enternecido;
Laranjais em flor que o vento amava,
Que o vento apertava nos seus longos braços;

Laranjais que já destes tantos frutos
– Dizei-me hoje: onde estão aqueles olhos
Cheios de mistérios e ternuras inéditas?

Dizei-me, árvores: onde estão aquelas mãos
De febre, aquelas mãos morenas e macias,
E aqueles seios nascendo no corpo em flor?

SONETO

Como falarei desta saudade sem chorar?
Como falarei desse mundo perdido
Sem chorar, sem me lamentar, sem fugir
Desta tranqüilidade que tão tarde me chegou,

Depois de ter-me desesperado tanto e em vão?
Como falarei dessas paisagens que eu guardei
No coração longínquo, dessas paisagens
Do meu tão pobre e tão perdido mundo?

Como olharei, nesta hora, distraída e distante,
Esses recantos que o amor tornava tão belos,
Tão encantados, tão mágicos, tão irreais, outrora?

Como tocarei nesses trechos iluminados da memória,
Onde o coração pulsou mais forte, onde os meus olhos
Conheceram a doce, a triste, a inexplicável alegria do amor?

VELHOS CAMINHOS

Velhos caminhos, que ao meu amor me conduzíeis,
Quem vos percorrerá nesta hora quieta,
Em que a noite se aproxima do mundo
E o vai envolver no seu mistério e no silêncio?

Velhos caminhos, que outrora me conduzíeis
À minha incerta e dolorosa ventura,
Quem vos percorrerá agora, neste fim de tarde?
Quem vos percorrerá, velhos caminhos meus?

Que pensamentos, que tristezas, que doidas esperanças
Levarão consigo os que nesta hora vos transitam?
Caminhos meus, para onde conduzis os caminhantes de hoje?

Para que destinos os levais, para que amores os levais,
Ó estreitos caminhos, que o meu amor iluminava
E que me levavam à Estrela perdida, à Rosa da Manhã?

VOZ

Voz de queixa e de súplica, voz escura, voz de sombras,
Onde te ouvi? Onde murmuraste palavras aos meus ouvidos?
Voz que reconhecerei num coro imenso, voz única.
Onde te ouvi cantar, onde te ouvi vibrar quente e macia?

Voz que vem das florestas, onde os rios são espessos,
Voz que vem do fundo da noite sem estrelas,
Voz de arrepios, de misteriosas e fatais volúpias,
Voz que desce aos abismos, voz úmida e quente.

Onde te ouvi? ó voz louca e amargurada, onde te ouvi?
Voz sem memória, voz de embriagar, voz de queixume,
Voz sem esperança, voz de naufrágio e sortilégio,

Onde te ouvi? Sinto que pertenceste a alguém, a um ser
Que esteve no meu ser, a alguém que esteve em mim,
Perdido na minha perdição, vivo na minha morte.

MÃOS

As longas mãos da morte, as mãos estranhas...
Eu as tive um dia, em mim, abandonadas.
Ah! tão perdidas para o meu desejo,
Tão deformadas pelo mundo mau!

Lembro-as, brancas e quentes, nos meus lábios,
As longas mãos – perdidas para sempre.
Lembro-as ainda na aurora misteriosa,
Lembro-as na hora inicial de amor e medo.

Onde estão? Como é fria esta memória!
Oh! a poeira do tempo e o véu da ausência!
Mãos que não mais terei, não mais vos quero!

Mãos que eu amei e distantes,
Mãos que morreram, mãos que envelheceram,
Mãos que não levarei para o ermo sono.

SONETO CIGANO

Lembra-me sempre a viagem, a grande, a estranha viagem.
As mulheres brincavam e riam ao pé das enormes fogueiras.
Rostos da cor do bronze, olhares misteriosos,
E mãos escuras para todos os misteres.

Lembra-me sempre a viagem, as estradas perdidas
Por onde seguíamos atrás das auroras ingênuas
Que corriam cantando, e atrás das horas fugidias
– Horas que pareciam dançar ao ruído de pandeiros.

Era tudo uma grande inocência e descuido.
O futuro sombrio, as ambições, os medos,
Não me lembro de os ter sentido nesses tempos.

Colhíamos, então, flores e frutos nos caminhos,
Amávamos o amor nas morenas mulheres,
E adormecíamos à mercê dos ventos e das chuvas.

O DESESPERO DE PERDER-TE UM DIA

O desespero de perder-te um dia
Ou de vir a deixar-te neste mundo,
Habita o coração inquieto e triste
Enquanto a noite rola e o sono tarda.

Olho-te, e o teu mistério me penetra;
Sinto que estás vivendo o breve engano
Deste mundo, e que irás também, um dia,
Para onde foram essas de que vieste.

– Essas morenas e secretas musas,
Tuas avós, ciganas de olhos negros
Que te legaram tua graça triste.

Lembro que esfolharás na eterna noite
A rosa do teu corpo delicado,
E ouço a noite chorar como uma fonte.

ELA DANÇANDO PARECIA A IMAGEM

Ela dançando parecia a imagem
Da roseira que os ventos estremecem.
Tais os perfumes que fugiam dela,
Tal a impressão de rosa espetalada.

Rodopiava ligeira: os pés tão leves
Mal tocavam no chão; nos doces ares
Parecia pairar, visão graciosa,
Com o seu branco vestido inesquecível.

Que pensamentos fáceis e felizes
Se escondiam por trás dos seus cabelos
Soltos à força do rodar das valsas!

Que sentimentos doces de esperança
Não te animavam, clara Josefina,
Ó dançarina frágil como as rosas...

DESCEM SOBRE AS VIOLETAS ESCONDIDAS

Descem sobre as violetas escondidas
Os afagos das doces mãos da Aurora.
E eu contemplo o teu ser, abandonado
Nesse sono, que é um mar de sombra e frio.

A noite imensa se escondeu aos poucos
No teu rosto apagado e em teus cabelos,
No teu seio secreto e sossegado
E nos teus longos pés purificados.

As violetas despertam suspirosas
E o brando vento da manhã agita
As mal nascidas rosas dos jardins.

És o resto da noite, a alma noturna,
Que mal resiste à luz que vem chegando;
És a estrela esquecida e misteriosa.

ENTRE AS LEVES E FINAS RAPARIGAS

Entre as leves e finas raparigas
Que eu vi, reunidas, a folgar um dia,
Meu olhar te fixou ansiosamente,
Como se foras uma estranha eleita.

Que há muito fugidia se encontrasse.
Teus cabelos ao sol de ouro esplendiam
E a clara mocidade em ti pousava
Como o orvalho nas rosas matutinas.

Nunca te esquecerei, visão querida.
Pode o tempo rolar levando tudo
Para os mares defuntos e gelados;

Podem mesmo morrer graça e beleza
Que em ti tão suavemente se reuniam:
A tua imagem ficará comigo.

VEJO A AURORA SURGIR NESSES TEUS OLHOS

Vejo a aurora surgir nesses teus olhos
Ainda há pouco tão tristes e sombrios.
Vejo as primeiras luzes matutinas
Nascendo, aos poucos, nos teus grandes olhos!

Vejo a deusa triunfal chegar serena,
Vejo o seu corpo nu, radioso e claro,
Vir crescendo em beleza e suavidade
Nas longínquas paragens dos teus olhos.

E estendo as minhas mãos tristes e pobres
Para tocar a imagem misteriosa
Desse dia que vem, em ti, raiando;

E sinto as minhas mãos, ó doce amada,
Molhadas pelo orvalho que roreja
Do teu olhar de estranhas claridades!

ELEGIA

Tua beleza incendiará os navios no mar.
Tua beleza incendiará as florestas.
Tua beleza tem um gosto de morte.
Tua beleza tem uma tristeza de aurora.

Tua beleza é uma beleza de escrava.
Nasceste para as grandes horas de glória,
E o teu corpo nos levará ao desespero.

Tua beleza é uma beleza de rainha.
Dos teus gestos simples, da tua incrível pobreza,
É que nasce essa graça
Que te envolve e é o teu mistério.

Tua beleza incendiará florestas e navios.
Nasceste para a glória e para as tristes experiências,
Ó flor de águas geladas,
Lírio dos frios vales,
Estrela Vésper.

Nasceste para o amor:
E os teus olhos não conhecerão as alegrias,
E os teus olhos conhecerão as lágrimas sem consolo.
Tua beleza é uma luz sobre corpos nus,
É a luz da aurora sobre um corpo frio,

De ti é que nasce esse sopro misterioso
Que faz estremecer as rosas
E arrepia as águas quietas dos lagos.

Incendiarei florestas, incendiarei os navios no mar,
Para que a tua beleza se revele
Na noite, transfigurada!

ANOITECIA

Anoitecia, quando partiste,
Foste na hora em que as sombras
Desciam sobre o lago.
Parecias um lírio e o vento te fazia vibrar,
Um vento de outono, quase frio.
Parecias uma flor, esguia e branca,
Quando partiste, quando te levaram
Pelas águas afora para um outro país..

Os pássaros que seguem os navios
Já se tinham recolhido aos seus ninhos
E das terras vizinhas surgiam, pouco a pouco,
As trêmulas luzes que indicam
As humanas moradas naqueles sítios perdidos.

Não estavas comovida, antes inquieta pelo que ias encontrar,
Pelo mundo novo em que ias mergulhar
As tuas raízes, na última tentativa de paz.

Lembro-me da tua voz
E do teu sorriso de adeus, do teu sorriso
Que nem era de adeus, porque já estavas longe antes de partir,
Lembro-me de tuas mãos me acenando de longe
E do silêncio que se fez depois,
Quando voltei cantando pelas ruas
A alegria do nunca mais, nunca mais.

POEMA

Como outrora – ouvi o ruído de portas
Se abrindo e uma voz debruçar-se
Sobre o sono.
Quem era, quem me acordava, assim,
No centro do sono, no abismo do sono?

Seria Ismênia, cansada de esperar
No túmulo,
Cansada do esquecimento?

Seria Matilde, que se decidia
Depois do desdém, da recusa
E do abandono?

A voz me afastou do sono,
A voz me fez subir de repente
Do sono
Como de um poço,

Seria Lídia, essa que não amei e cantava,
Os braços robustos me enlaçando
E o corpo de planta?

Não sei; mas foi uma voz súbita
Como um vento fresco.
Uma voz acordando ecos
De outras e antigas vozes,

Uma voz, de repente, brincando.
Uma voz conhecida
E não ouvida longamente.
Uma voz olhando,
Uma voz sacudindo,
Uma voz úmida
Abrindo portas,
As portas de um mundo desaparecido.

EPIGRAMA II

A noite cega
Rolou
Como um bálsamo.

E um perfume
Antigo de amor
Penetrou no ermo,
Ressuscitando formas
Longínquas.

Dedicatória em *O Caminho do Frio*.

AS CHUVAS DA PRIMAVERA

Em breve virão as chuvas da Primavera,
As chuvas da Primavera
Vão descer sobre os campos,
Sobre as árvores pobres,
Sobre os rios degelando.

As chuvas da Primavera
Cairão sobre os jardins perdidos,
Sobre os rosais desnudos,
Sobre os canteiros sem flor.

As chuvas da Primavera anunciarão
Os grandes dias próximos,
E a cantiga das águas escorrendo
Dos beirais
Nos dirá do tempo próximo,
Das primeiras flores,
Dos primeiros ninhos,
Das primeiras palpitações
Dos brotos,
Das esperanças,
Da vida que se insinua em tudo,
Nos ramos, nas penugens,
Nos céus limpos.

Em breve virão as chuvas da Primavera.
Os rios já estão degelando,

O frio já não é tão mau.
Adormece, pois, meu amor
E esquece este inverno,
Deixa que o sono te leve,
Como as águas levam flores
E folhas soltas.

CANÇÃO FÚNEBRE

Meu amor, a noite cai aos poucos
Sobre mim, aos poucos sobre mim
E é como terra
Sobre corpo de morto!
Meu amor, o silêncio envolve
O meu espírito em tormento,
E é como um lenço.
Sobre corpo de morto!

Para onde irei, meu amor?
Estás tão longe!
E esta angústia continuará
Até fim da outra aurora.

Socorre-me, estende até mim, meu amor,
As tuas pequenas mãos misericordiosas,
Deixa que as minhas lágrimas longínquas
Molhem as tuas mãos!

CANÇÃO

O perfume de abril erra pelo ar,
E a lua anda no céu branca e fria.
Acorda, meu amor, que o sono rouba
Estas horas que não voltarão mais.

Acorda, meu amor, abril perfuma
A várzea, e os caminhos tranqüilos
Recendem a magnólias e jasmins.
Acorda, meu amor, o tempo foge.

A hora não é de sono, a hora é plena,
Para a vida e para os amores.
Acorda, meu amor, a lua enflora
Este mundo noturno estranho e raro.

Acorda, meu amor, não tarda o tempo
Em mudar esta hora e a doce glória
Desta noite, em outras horas e outras noites,
Tristes e escuras, feias e tedientas.

Acorda, meu amor, vem contemplar a vida
Neste noturno mundo, encantado e maduro,
Vem ouvir a vida, nestes cantos de pássaros
Nesta escura agitação dos bichos da noite.

Acorda, meu amor, a hora é de vida.
Vem assistir ao espetáculo da noite.
Vem assistir à silenciosa floração.
Vem contemplar o invisível crescimento dos frutos.

Vem, acorda, a hora é plena e feliz,
Amanhã poderás dormir tranqüila e ninguém te despertará.
Amanhã poderás dormir; a noite de dormir
Não é esta noite mas outra, bem diferente.

Outra noite mais fria e tão mais longa,
Sem cantos de pássaros, sem esta lua
Enchendo as estradas e a várzea de claras flores,
Sem este cheiro de magnólias e jasmins.

GRANDE, FRIA, FELIZ

Grande, fria, feliz.
Que seios os teus amor!
Que olhar de febre caindo
Sobre os abismos em flor.

Grande, fria, feliz —
Que mãos as tuas amor
Feitas para as agonias,
Para os delírios frementes
Para as carícias selvagens,
Que mãos as tuas amor!

Que corpo violento amor!
Que energia soberana
Dele vem, cresce e domina.
No entanto sem coração
Às desgraças vais sorrindo,
Grande, fria e feliz!

Grande, fria e feliz
Quero-te assim para sempre
Quero-te forte e inclemente,
Mas dadivosa e secreta
Porque a tudo indiferente.

Grande, fria e feliz!

ROMANA

Colheremos os pomos.
O amor será tranqüilo,
Como se fôssemos seres
Isentos da morte,
Livres das mutações
E dos desenganos bruscos.

Para a lúcida campanha
Levaremos pão e vinho
E nas tuas mãos em concha
Beberei até o fim,
Até adormecer cantando,
Feliz da promessa
E das tuas rosas,
Ó doce romana,
Ridente e amorável,
Dourada e fecunda,
Cabelos cheirando às flores do campo.
Espírito feliz e claro
A quem Amor coroa
E faz sorrir.

POEMA

As estrelas se abriram
Como rosas maduras,
O silêncio engoliu
As vozes dos bichos.
E o vento pousou nas árvores.
Vamos dormir.
Uma só palavra despertará o vento.
Um só desejo atormentará o mundo.
Vamos ficar.

Não; não penses no amor.
Esta é a hora de adormecer.
É a hora de descer ao sono.
As rosas brilham nos céus.
O silêncio se estendeu ao teu lado
E envolve o teu corpo jovem.
Não deixa que te penetre este perfume,
Afasta de ti este perfume noturno.
Só este perfume não dorme.

As estrelas estão quietas,
O vento está pousado nas árvores.
Dorme, dorme depressa.
A hora é a grande hora do sono.
Só este perfume errante
Inquieta as coisas e afasta o sono.
Fecha os olhos e tenta não ouvir
A voz deste perfume,

Que vem rolando de outras noites
Feitas para velar.

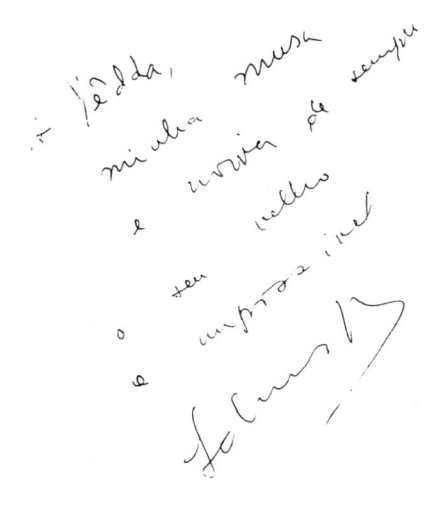

Dedicatória em *Poesias Completas*.

NÃO DEIXES

Não deixes de beber,
Quero que bebas muito.
Quero-te bêbada e confusa,
As tranças desfeitas.

Quero-te bêbada,
Áspera, natural,
As mãos doidas,
Quero-te assim
Como não és mais.
Quero redescobrir
Em ti, na que és hoje,
Prevenida e triste,
O mesmo riso de outrora,
O teu claro riso
Inocente e mau de outrora.

CHEGOU. FLORIU-SE O TEMPO

Chegou. Floriu-se o tempo.
Abro as janelas e vejo o céu
escuro. É finalmente a noite
que se realiza e recomeça.

É a noite com sua unidade:
estrelas florem nos caminhos
intérminos. É a noite úmida,
criadora sempre e materna.

É a noite de amor, macia
e própria aos afagos; a noite
em que se afogam os tormentos.

É o silêncio amadurecendo:
do seio da sombra noturna
vem surgindo a rosa primeira.

ONDE ESTÃO OS FRUTOS VERMELHOS

Onde estão os frutos vermelho,
do teu chapéu de palha de Itália,
as cerejas caindo?
Qual foi, meu amor, o destino
do teu fino chapéu de palha
onde cascateavam vermelhos frutos?

Revejo-te primaveril, de mãos ardentes,
sorrindo secreta: contidas
eram as tuas ambições.
Mas onde estão, agora, as tuas ambições primaveris?
E o teu desejo de partir, viajar, ver
o outro lado da terra?

Onde estão os teus sonhos
escondidos, meu amor?
Os que a mocidade acendia
em tua cabeça leve
coberta com o chapéu de palha de Itália?

A ESTRELA

E falavam do amor já soterrado...
Uma flor musical, esguia, branca,
Gelada ia subindo aos céus.

Reviam o amor perdido e doloroso,
E as angústias lembravam e ternuras,
E a estrela de esperança a quem confiaram

O destino do sonho que os unira.
Essa estrela era a imagem do impossível,
A primeira a chegar na asa da noite.

Era uma estrela trêmula, no ocaso,
O que lhes serenava o sangue ardente
E o criminoso amor purificava.

Era a estrela que a sombra dissipava
E os fazia confiar num outro encontro
Noutro mundo melhor e mais propício.

Era a estrela que a estrada lhes mostrava —
Via de acesso para um tempo livre,
Ponte de luz suspensa sobre as trevas.

Era a estrela da tarde, peregrina,
Que os elevava sobre o contingente
E o alimento inefável lhes trazia.

E era não raro o mar que no céu viam;
E na estrela de velas luminosas,
Como se barco fora, navegavam...

E tão doidos, que as ondas escutavam
A quebrar o silêncio das alturas
Enquanto nos espaços velejavam.

Era o céu e era o mar. Era o sonho,
Era a própria verdade mais verdade
Que as vãs licitações de que fugiam.

O vento que acelera o pensamento,
E que impele a memória e dá-lhe voltas
E vertigens, e sopra sem mover-se;

O vento intemporal que a vida rouba
Às rosas e aos supremos sentimentos
Fazia-os viajar na errante estrela

E vencer as distâncias impassíveis
Em demanda do porto que almejavam
Alcançar, sem saber se porto havia.

Que é o amor? – perguntavam, em seguida,
Egressos da visão, após a fuga,
Lúcidos outra vez, porém, feridos.

Ó vitória da feia luz da morte,
Que dilacera e extingue as criaturas
De que o amor se apossou com seus enganos!

Tinham visto ruir um grande império
Em noturnas colunas assentado
Mas cortado de veios luminosos;

Sob o olhar sem perdão, da Virgem d'Alva,
Viram cair os frutos que sonhavam
Nos abismos do dia que surgia...

E eram frutos de amor, suma poesia,
Que da árvore imensa iam rolando
E, mal tocando o chão, se desfaziam.

Que é o amor – indagavam. E sentiam
Que era sombra e silêncio, fuga e amargo,
Nuvem e torre, tudo e inexistência;

Luz de um sol que ninguém sabe onde nasce,
De um sol frio que não rola no espaço
E que, sem em si arder, aos seres queima.

Vinham úmidos de orvalho matutino
Que descera do mar alto celeste,
Mas o orvalho amargava-lhes as bocas.

Tinham visto nascer a aurora incerta
A rasgar o noturno e leve manto
Que as estrelas bordavam e floriam...

...E ali estavam de novo e memoravam
A aventura sem-par, já prisioneiros
Do chão, do contingente – mas serenos.

E havia lassidão no que diziam:
Cansados do sublime se encontravam
E sentiam pudor da própria fuga,

Da aventura e dos dons que fizeram.
Olhavam-se surpresos e não criam
Que houvera Amor que aos céus os conduzira.

A estranha exaltação se dissipara.
Fitavam-se contidos e sentiam-se
Lúcidos, tristes, quietos, resignados.

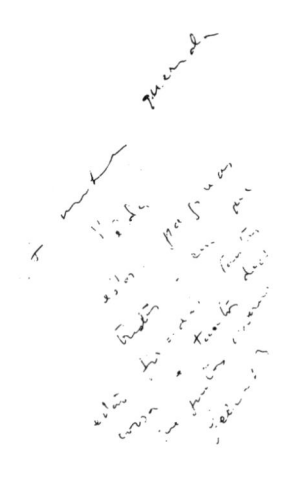

Dedicatória em *As Florestas.*

A ROSA CANTA

A rosa fresca,
Nua, serena,
Leve, completa,
É um abismo.

A rosa rubra,
Quieta, sozinha,
Brilha no sonho
Como uma estrela.

A rosa viva,
Com seu perfume,
Queima os meus olhos.

A rosa canta:
Sua voz tem cheiro
De amor e morte.

O AMOR

O amor, de longe, diz-me adeus.
Passou. Foi flor e fruto
E hoje é mais nada. Um ramo nu que o vento agita.
O amor foi riso álacre, festa.
Depois silêncio, cinza e tédio.

O amor foi dor, presença ardente
E hoje é uma folha, leve coisa
Que na lembrança vai rolando
Para o gelado esquecimento.

O amor foi canto, voz ardente,
Flama e esperança,
E hoje, é apenas sítio triste,
Paisagem toda envolta em névoa,
Brinquedo de criança morta,
Sombra amada mas sombra.

O amor é uma cidade abandonada
Onde ninguém habita mais.

SERENATA DO AMOR

Desperto de repente e sinto que a noite me chama,
A noite me ergueu do sono e palpita.
O vento se enrola e cresce
E afaga os frutos noturnos
E entra pelas janelas.

Desperto de repente e ouço a noite
E distingo, nas vozes que passam,
As vozes das amadas.

Distingo as vozes e povoa-se o vazio, de repente,
Com os vultos das amadas perdidas.
É Matilde com as suas tranças,
O seu sorriso doce, as mãos pequenas e quentes;
É Francisca, indiferente e cruel,
Por quem conheci o desencontro, o impossível,
A dilaceração e o desespero,
É Francisca – rouca e feia!

Para onde vão, na hora tardia,
Essas que vão passando e riem e cantam
E confiam às sombras os seus segredos?

Para onde vão; para onde,
Essas que me feriram na mocidade
E agora me acordam
E acordam nesta hora morta e inquieta a ventura do amor?

POEMA

M eu amor
Há em ti a grave beleza da infância.
Meu amor, há em ti algo do que não foi
o soluço que ninguém ouviu
a lágrima que não desceu de um olhar
ferido demais para chorar.
Meu amor, como te vejo incerta
do teu próprio mistério?!
Tuas mãos estão quietas
e sobre os teus cabelos
a luz da estrela da tarde pousou
como um pássaro, no seu primeiro vôo.

Dedicatória em *Babilônia*.

ADEUS

A noiva morta
Caminha pela avenida que bordeja o mar.
Seu passo lento mas firme
A vai levando cada vez mais longe dos meus olhos.

A manhã é noturna.
As águas cinzentas se atiram contra as pedras,
Repetindo sempre alguma coisa que eu sabia o que era outrora
Mas hoje não sei mais.

A rapariga morta volta-se e diz-me adeus
Ora com o lenço azul que cobre os seus cabelos.
Ora com as mãos morenas que eu um dia cantei.

De quando em quando se volta
E acena para mim e continua a caminhar,
Até que não vejo mais a noiva morta.

OS PRÍNCIPES

Tudo é inexistente, disseram os príncipes deitados na areia.
E veio o grande pálio aberto e se estendeu sobre o céu sem manchas
Destroços, ruínas, podridões ameaçavam desabar.
E veio o lírio boiando brando e manso.
O mar ficou alto e agressivo
Os barqueiros cantaram remando
E tudo se encaminhou implacavelmente para a noite mais próxima.

Tudo é inexistente, disseram os príncipes deitados na areia;
Ninguém atingirá a última noite
Porque virão sempre outras noites
E os mesmos pássaros ficarão espalmados no ar.

Mas os barqueiros tinham sede
E correram com os príncipes.
Mas os barqueiros tinham fome e mataram os príncipes.

O lírio veio boiando docemente
E era a filha do rei
E era a única irmã dos príncipes mortos.
E o lírio ficou no sangue dos mortos como a gota de orvalho
                                                   [na rosa nascida.
Os barqueiros ficaram escravos do lírio
E o seguem de joelhos chorando no deserto.

COLEÇÃO MELHORES CONTOS

ANÍBAL MACHADO
Seleção e prefácio de Antonio Dimas

LYGIA FAGUNDES TELLES
Seleção e prefácio de Eduardo Portella

BRENO ACCIOLY
Seleção e prefácio de Ricardo Ramos

MARQUES REBELO
Seleção e prefácio de Ary Quintella

MOACYR SCLIAR
Seleção e prefácio de Regina Zilbermann

MACHADO DE ASSIS
Seleção e prefácio de Domício Proença Filho

HERBERTO SALES
Seleção e prefácio de Judith Grossmann

RUBEM BRAGA
Seleção e prefácio de Davi Arrigucci Jr.

LIMA BARRETO
Seleção e prefácio de Francisco de Assis Barbosa

JOÃO ANTÔNIO
Seleção e prefácio de Antônio Hohlfeldt

EÇA DE QUEIRÓS
Seleção e prefácio de Herberto Sales

MÁRIO DE ANDRADE
Seleção e prefácio de Telê Ancona Lopez

LUIZ VILELA
Seleção e prefácio de Wilson Martins

J. J. VEIGA
Seleção e prefácio de J. Aderaldo Castello

JOÃO DO RIO
Seleção e prefácio de Helena Parente Cunha

IGNÁCIO DE LOYOLA BRANDÃO
Seleção e prefácio de Deonísio da Silva

LÊDO IVO
Seleção e prefácio de Afrânio Coutinho

RICARDO RAMOS
Seleção e prefácio de Bella Jozef

MARCOS REY
Seleção e prefácio de Fábio Lucas

SIMÕES LOPES NETO
Seleção e prefácio de Dionísio Toledo

HERMILO BORBA FILHO
Seleção e prefácio de Silvio Roberto de Oliveira

BERNARDO ÉLIS
Seleção e prefácio de Gilberto Mendonça Teles

AUTRAN DOURADO
Seleção e prefácio de João Luiz Lafetá

JOEL SILVEIRA
Seleção e prefácio de Lêdo Ivo

JOÃO ALPHONSUS
Seleção e prefácio de Afonso Henriques Neto

ARTUR AZEVEDO
Seleção e prefácio de Antonio Martins de Araújo

RIBEIRO COUTO
Seleção e prefácio de Alberto Venancio Filho

OSMAN LINS
Seleção e prefácio de Sandra Nitrini

ORÍGENES LESSA
Seleção e prefácio de Glória Pondé

DOMINGOS PELLEGRINI
Seleção e prefácio de Miguel Sanches Neto

CAIO FERNANDO ABREU
Seleção e prefácio de Marcelo Secron Bessa

EDLA VAN STEEN
Seleção e prefácio de Antonio Carlos Secchin

FAUSTO WOLFF
Seleção e prefácio de André Seffrin

AURÉLIO BUARQUE DE HOLANDA
Seleção e prefácio de Luciano Rosa

ALUÍSIO AZEVEDO
Seleção e prefácio de Ubiratan Machado

ARY QUINTELLA*
Seleção e prefácio de Mônica Rector

*PRELO**

COLEÇÃO MELHORES POEMAS

CASTRO ALVES
Seleção e prefácio de Lêdo Ivo

LÊDO IVO
Seleção e prefácio de Sergio Alves Peixoto

FERREIRA GULLAR
Seleção e prefácio de Alfredo Bosi

MARIO QUINTANA
Seleção e prefácio de Fausto Cunha

CARLOS PENA FILHO
Seleção e prefácio de Edilberto Coutinho

TOMÁS ANTÔNIO GONZAGA
Seleção e prefácio de Alexandre Eulalio

MANUEL BANDEIRA
Seleção e prefácio de Francisco de Assis Barbosa

CECÍLIA MEIRELES
Seleção e prefácio de Maria Fernanda

CARLOS NEJAR
Seleção e prefácio de Léo Gilson Ribeiro

LUÍS DE CAMÕES
Seleção e prefácio de Leodegário A. de Azevedo Filho

GREGÓRIO DE MATOS
Seleção e prefácio de Darcy Damasceno

ÁLVARES DE AZEVEDO
Seleção e prefácio de Antonio Candido

MÁRIO FAUSTINO
Seleção e prefácio de Benedito Nunes

ALPHONSUS DE GUIMARAENS
Seleção e prefácio de Alphonsus de Guimaraens Filho

OLAVO BILAC
Seleção e prefácio de Marisa Lajolo

JOÃO CABRAL DE MELO NETO
Seleção e prefácio de Antonio Carlos Secchin

FERNANDO PESSOA
Seleção e prefácio de Teresa Rita Lopes

AUGUSTO DOS ANJOS
Seleção e prefácio de José Paulo Paes

BOCAGE
Seleção e prefácio de Cleonice Berardinelli

MÁRIO DE ANDRADE
Seleção e prefácio de Gilda de Mello e Souza

PAULO MENDES CAMPOS
Seleção e prefácio de Guilhermino César

LUÍS DELFINO
Seleção e prefácio de Lauro Junkes

GONÇALVES DIAS
Seleção e prefácio de José Carlos Garbuglio

AFFONSO ROMANO DE SANT'ANNA
Seleção e prefácio de Donaldo Schüler

HAROLDO DE CAMPOS
Seleção e prefácio de Inês Oseki-Dépré

GILBERTO MENDONÇA TELES
Seleção e prefácio de Luiz Busatto

GUILHERME DE ALMEIDA
Seleção e prefácio de Carlos Vogt

JORGE DE LIMA
Seleção e prefácio de Gilberto Mendonça Teles

CASIMIRO DE ABREU
Seleção e prefácio de Rubem Braga

MURILO MENDES
Seleção e prefácio de Luciana Stegagno Picchio

PAULO LEMINSKI
Seleção e prefácio de Fred Góes e Álvaro Marins

RAIMUNDO CORREIA
Seleção e prefácio de Telenia Hill

CRUZ E SOUSA
Seleção e prefácio de Flávio Aguiar

DANTE MILANO
Seleção e prefácio de Ivan Junqueira

JOSÉ PAULO PAES
Seleção e prefácio de Davi Arrigucci Jr.

CLÁUDIO MANUEL DA COSTA
Seleção e prefácio de Francisco Iglésias

MACHADO DE ASSIS
Seleção e prefácio de Alexei Bueno

HENRIQUETA LISBOA
Seleção e prefácio de Fábio Lucas

AUGUSTO MEYER
Seleção e prefácio de Tania Franco Carvalhal

RIBEIRO COUTO
Seleção e prefácio de José Almino

RAUL DE LEONI
Seleção e prefácio de Pedro Lyra

ALVARENGA PEIXOTO
Seleção e prefácio de Antonio Arnoni Prado

CASSIANO RICARDO
Seleção e prefácio de Luiza Franco Moreira

BUENO DE RIVERA
Seleção e prefácio de Affonso Romano de Sant'Anna

IVAN JUNQUEIRA
Seleção e prefácio de Ricardo Thomé

CORA CORALINA
Seleção e prefácio de Darcy França Denófrio

ANTERO DE QUENTAL
Seleção e prefácio de Benjamin Abdalla Junior

NAURO MACHADO
Seleção e prefácio de Hildeberto Barbosa Filho

FAGUNDES VARELA
Seleção e prefácio de Antonio Carlos Secchin

CESÁRIO VERDE
Seleção e prefácio de Leyla Perrone-Moisés

FLORBELA ESPANCA
Seleção e prefácio de Zina Bellodi

VICENTE DE CARVALHO
Seleção e prefácio de Cláudio Murilo Leal

PATATIVA DO ASSARÉ
Seleção e prefácio de Cláudio Portella

ALBERTO DA COSTA E SILVA
Seleção e prefácio de André Seffrin

ALBERTO DE OLIVEIRA
Seleção e prefácio de Sânzio de Azevedo

WALMIR AYALA
Seleção e prefácio de Marco Lucchesi

ALPHONSUS DE GUIMARAENS FILHO
Seleção e prefácio de Afonso Henriques Neto

ARMANDO FREITAS FILHO*
Seleção e prefácio de Heloísa Buarque de Hollanda

*ÁLVARO ALVES DE FARIA**
Seleção e prefácio de Carlos Felipe Moisés

*MÁRIO DE SÁ-CARNEIRO**
Seleção e prefácio de Lucila Nogueira

*SOUSÂNDRADE**
Seleção e prefácio de Adriano Espínola

*LUIZ DE MIRANDA**
Seleção e prefácio de Regina Zilbermann

*PRELO**

Impressão e Acabamento
Com fotolitos fornecidos pelo Editor

EDITORA e GRÁFICA
VIDA & CONSCIÊNCIA

R. Agostinho Gomes, 2312 • Ipiranga • SP
Fone/fax: (11) 2061-2739 / 2061-2670
e-mail: grafica@vidaeconsciencia.com.br
site: www.vidaeconsciencia.com.br